AF356090

SUR LES OPINIONS

QUI DIVISENT

LES FRANÇAIS.

Par Ad. POULTIER ;

Employé des Impositions indirectes.

A VANNES,

Chez V.ᵉ BIZETTE, Imprimeur-Libraire, place Réunion.

Juin 1815.

SUR LES OPINIONS
QUI DIVISENT
LES FRANÇAIS.

Au milieu des commotions politiques qui nous agitent depuis vingt-cinq ans, dans un temps aussi fécond en révolution que le nôtre, les opinions doivent être divisées, parce que les intérêts particuliers se croisent et se choquent, parce que les principes d'éducation et d'habitude ne sont pas les mêmes. Ils ne peuvent pas l'être dans une nation nombreuse, dont les différentes classes n'ont pu prendre une part fructueuse à l'accroissement des lumières, soit à cause de leur éloignement géographique du foyer commun, soit à cause d'une certaine tension à garder les coutumes anciennes, et à vouloir obstinément que ce qui fut bon pour nos ayeux le soit également pour nous.

Si vous parlez d'intérêt général à certain noble ou à certain curé de la Vendée ou de la Bretagne, vous serez difficilement entendu. Le premier, s'il est franc, vous répondra que son père se trouvait fort bien de faire travailler gratis les paysans de son vasselage et d'exercer sur eux des droits d'autant plus justes qu'ils étaient établis depuis des siècles ;

Le second, que la dîme fournissait au superflu, le mettait à même de donner à son neveu une éducation distinguée, et quelquefois de l'élever au canonicat ; et tous les deux s'accorderont à dire que sans le rétablissement de ces privilèges l'état est perdu et la religion renversée. Ils vous le diront, parce que le seigneur voit l'état tout entier dans son marquisat, et le curé toute la chrétienté dans sa paroisse. D'où vient cela ? de l'éducation et de l'habitude.

Heureusement pour la France, la majeure partie de ses habitans a retiré de la révolution les avantages qu'on pouvait en attendre. Pour nous, les préjugés ne sont plus des lois : le flambeau de la raison éclaire nos yeux sans les éblouir, et la voix de l'intérêt général est entendue de presque toutes les classes de la société.

Pourquoi l'ignorance la plus profonde environne-t-elle encore de ses ténèbres une partie des habitans des provinces que j'ai citées, et les rend-elle aujourd'hui les séides de quelques misérables grossièrement ambitieux qui les conduisent à grand pas à l'esclavage ou à la mort ? Des seigneurs jaloux de leurs vieux titres profitent de la crédulité des malheureux paysans pour les engager dans une lutte inégale, dont eux seuls doivent recueillir tout le fruit en cas de succès, laissant à leurs victimes, s'ils sont vaincus, le poids entier des vengeances qu'ils auront attirées sur leurs têtes.

En effet, qu'on ne s'y trompe point. Que l'on cherche parmi les méprisables chefs de ces brigands des hommes dévoués à la cause des Bourbons, royalistes par principes et par sentiment, prêts à sacrifier leurs fortunes et leurs vies pour le rétablissement du trône ; et l'on ne trouvera en eux qu'une vanité puérile, qu'un égoisme profond, qu'un désir effréné de ramener d'anciens vassaux sous le joug qui les a tenus courbés si long-temps.

Eh ! qu'ont-ils fait pendant l'apparition du comte de Lille en France, ces êtres qui s'annoncent si fièrement comme les soutiens de la monarchie ? Comme ils étaient remplis d'amour pour leur Roi et de désintéressement pour leur propre fortune ; dès qu'ils ont appris le renversement du gouvernement impérial, ils se sont assemblés pour rédiger un mémoire tendant à les faire rentrer dans tous les droits féodaux et dans la propriété des biens dont l'aliénation avait été sanctionnée par la parole du Roi lui-même ; à être exemptés de toute espèce d'impositions ; à faire rétablir la corvée, la dîme, etc. etc. ; à obtenir des récompenses et des pensions, tandis que leurs malheureux compagnons d'armes n'auraient eu pour prix de leur sang que l'opprobre, la misère et l'esclavage.

Mais laissons ces tristes jongleurs dont nos braves soldats auront bientôt fait justice , et parlons aux hommes tranquilles , mais faibles , qui pourraient se laisser entraîner par de grands mots vides de sens , écueils des esprits timides , dont en général les opinions et les mœurs ne sont que des assemblages d'habitudes.

Les rois sont-ils faits pour les peuples, ou les peuples pour les rois ?

Cette vieille question, si long-temps débatue, a été résolue par les Français, et par le plus grand génie qui ait jamais paru. Ce principe : les rois sont faits pour les peuples, après avoir été solennellement reconnue par la nation entière , a été plus solennellement encore consacré par la conduite de l'Empereur.

Dès que Napoléon eût cru voir dans ses intérêts et dans ceux de sa famille un obstacle au retour de la paix en France, sa grande ame les a sacrifiés, et a préféré un noble exil au succès incertain d'une lutte dont on ne pouvait prévoir le terme : et la preuve la plus éclatante, la plus désintéressée , la plus noble peut-être qu'il nous ait donnée de son amour, est cette remise qu'il a faite du gouvernail de l'état en des mains qu'on devait présumer plus fermes et plus savantes.

Ces mains se sont trouvées inhabiles : on a voulu monter sur des ressors usés une machine encore toute nouvelle : de vieilles routines ont remplacé une théorie savante : des usages, des préjugés surannés ont été mis à la place d'institutions sages et vigoureuses. Qu'en est-il arrivé ? Le peuple s'est apperçu de l'incapacité de ses chefs, il les a méprisés bientôt, et comme dans une nation éclairée il n'y a pas loin du mépris à la haine, il les a haïs et les a chassés.

En-vain voudrait-on nous contester ce droit le plus légitime et le plus saint de tous. C'est sur-tout au peuple et dans sa cause, qu'il appartient d'appliquer cet adage d'un de nos plus profonds jurisconsultes (*Portalis*) : « Il n'y a pas à hésiter » entre celui qui se trompe et celui qui souffre. »

Nous avons des droits comme hommes, nous en avons de plus grands encore comme nation. Sommes-nous donc coupables pour en avoir usé et pour avoir dédaigné cette vieille dévotion de nos ayeux à l'hérédité absolue et exclusive des trônes ?

Eh bien ! c'est l'exercice de ce pouvoir si légitime qui nous attire aujourd'hui la haine des despotes étrangers, et qui passe à leurs yeux pour un crime impardonnable. Ils ne veulent pas nous laisser le droit de nous choisir un maître, et se réservent celui de se partager des esclaves.

Qu'ont-ils fait au congrès pendant huit mois, tous ces souverains qui se disaient réunis pour établir sur des bases inébranlables le bonheur et la tranquillité de l'Europe ? Ils se sont occupés de bals, de fêtes : ils ont élevé l'une après l'autre les prétentions les plus ambitieuses, au mépris du traité qu'ils prétendent maintenir aujourd'hui : ils ont voulu disposer des nations comme d'un vil troupeau, et, se jouant également de leurs principes et des nôtres, ils ont traité de chimères les droits revendiqués par plusieurs souverains, droits dont ils veulent maintenant établir la légitimité.

Oui, la guerre actuelle est celle des rois contre les peuples. Les révolutions françaises de 1789 et de 1815 ont répandu parmi toutes les nations des semences d'indépendance que les souverains ne veulent pas laisser germer. C'est pour établir l'hérédité immuable des trônes, c'est pour consacrer en principe leur esclavage que huit cent mille Russes, Autrichiens, Prussiens sont conduits en France et menacent de réduire en cendres nos villes les plus florissantes.

Mais qu'ils se trompent ces ambitieux despotes. La France est une terre de liberté. Si leurs soldats étaient vainqueurs, les vainqueurs eux-mêmes respireraient chez nous l'air régénérateur de l'indépendance et de la souveraineté du peuple : ils remporteraient dans leurs pays des principes entièrement opposés aux intérêts de leurs Princes, puisque ces Princes n'établissent leur puissance que sur l'esclavage et l'abrutissement de leurs sujets.

Ce qui assure le succès de notre cause, c'est que pour nous la patrie est tout, et que l'opinion n'est rien. Nous nous rattachons à notre chef, parce que lui seul peut sauver l'état ; parce qu'il peut, parce qu'il veut nous rendre l'attitude imposante et noble que nous gardions entre toutes les nations ; parce que l'indépendance des Français est son seul cri de guerre.

Je le répète ici : je ne parle point à quelques milliers de rebelles qui ne balanceront pas la volonté de vingt-huit millions d'habitans, et dont l'ignorance grossière n'a pu résister aux séductions trompeuses, aux violences mêmes d'une centaine d'intrigans ; je ne parle point à des rebelles qui, lorsque toute la France est enflammée du noble enthousiasme de la liberté, ne ressentent pas même le stupide fanatisme de l'opinion. Le nom sacré de la patrie ne fait point palpiter leur cœur : car les esclaves n'ont pas de patrie ; elle est pour eux le domaine de leurs maîtres.

Je parle à ces hommes faibles, qui veulent passer pour royalistes, parce qu'un parent, un ami leur a dit qu'il fallait être royalistes, et que sans un roi du sang des Bourbons, il n'y a plus ni bonheur, ni tranquillité à espérer en France ; mais qui sont encore assez Français pour rester neutres, du moins par le fait, au milieu des grandes discussions qui nous occupent.

La plupart d'entre eux n'ont pas raisonné leur

opinion ; ils se séparent de nous par des mots, bien qu'ils s'y réunissent par les sentimens ; et la distance entre nous n'est pas si grande qu'on ne puisse la faire disparaître en discutant le fond des choses.

Pourquoi se distinguer par ces dénominations de Royalistes., de Bonapartistes , quand on est réuni sur les principes ? quand les vœux de chaque faction sont à-peu-près les mêmes ? quand enfin la grande voix de l'intérêt général s'élève au-dessus de celle de tous ces vils intérêts particuliers ?

En effet, que demande un Royaliste ? Un gouvernement sage , dont les rênes soient confiées aux mains d'un chef habile , désireux du bonheur de ses sujets, et qui regarde les droits du peuple comme les plus sacrés et les plus inviolables. Il veut que le fruit de ses travaux soit assuré à lui et à sa famille ; que sa liberté ne puisse lui être ravie que par une loi indépendante de la volonté du souverain et du caprice d'un de ses pachas. Il veut suivre en paix la religion qu'il a reçue de ses pères, ou celle que sa conscience lui fait préférer, sans que l'objet de son culte soit un motif d'exclusion aux places du gouvernement et aux récompenses de la nation, puisqu'il ne l'empêche pas de contribuer à ses charges.

Eh ! que demande donc un Bonapartiste ? Que veut-il que vous ne vouliez pas ?

Grâces au ciel, nous n'en sommes plus à ces

temps d'ignorance et de fanatisme, où tel homme, de telle famille, était regardé comme le maître souverain et exclusif de tel ou tel peuple ; où sa volonté seule était une loi ; où son regard étudié le matin par de vils courtisans présageait le malheur d'une province, ou le massacre d'une partie de ses sujets.

Pendant le règne très-court de Louis XVIII, ou plutôt de ses ministres, les partisans de l'Empereur ont tracé par leur exemple aux partisans des Bourbons la conduite que ceux-ci doivent tenir. Sujets dévoués de Napoléon, mais plus dévoués encore à la patrie, ils se sont soumis en pleurant aux décrets du Sénat qui se vengeait par une lâcheté d'avoir été lâche pendant dix ans. Cette foule de préfets et de chefs d'administration destitués et privés en un jour du fruit de vingt années laborieuses, a renoncé sans murmurer à ses places, à ses dignités, à ses honneurs. Cette brave armée, veuve de son chef, s'est vu arracher les aigles qui l'avaient conduite dans toutes les capitales de l'Europe, la cocarde nationale si souvent rougie de son sang, et jusqu'à cette croix, digne récompense de sa valeur : puisqu'un brave homme ne pouvait plus la porter, depuis que tant de lâches l'avilissaient.

Eh bien, tous ont obéi : en frémissant, il est vrai ; mais ils ont obéi. Aucun trouble, aucune sédition n'a accompagné ces mesures du despotisme. On s'est soumis à des ordres arbitraires, plutôt que de porter atteinte à la tranquillité publique ; et l'exemple du grand homme, sacrifiant ses intérêts sur l'autel de la patrie, a été suivi par tous ses plus fidèles serviteurs. Les yeux fixés sur cette étoile qui brillait encore au haut de l'horison, comme le fanal qui doit sauver les nautonniers du naufrage, ils ont en paix attendu sa venue, et ne l'ont hâtée que par leurs vœux.

Napoléon est revenu de son exil comme d'un long voyage ; par-tout, sur son passage, il a vu ses sujets, ou plutôt ses enfans, se presser autour de sa personne, et pousser au ciel des cris de reconnaissance et d'amour. Les Bourbons affichaient la prétention d'être rentrés chez eux ; l'Empereur rappelé par les vœux des grands, du peuple et de l'armée, n'a voulu que revenir chez nous et pour nous. Ramenés par l'étranger, élus par un Sénat entouré de baïonnettes, ils s'étaient séparés de la nation par leur retour comme par leur exil ; Napoléon se replace au milieu d'elle, et ne reprend sa couronne que de ses mains et par ses ordres, lui qui ne l'avait quittée que pour lui épargner de nouveaux sacrifices et de longues infortunes.

Lorsque Codrus eut sacrifié ses jours pour le salut de la patrie, les Athéniens frappés de ce trait de grandeur, abolirent le titre de Roi ; ils dirent que Codrus l'avait élevé si haut qu'il serait désormais impossible d'y atteindre.

Français ! nous avons fait plus encore. Le titre d'Empereur dont la nation entière avait salué Napoléon, lui a été de nouveau rendu par elle : elle a remis une seconde fois entre ses mains sa gloire et sa fortune, et le regardant comme son palladium, elle a, par l'acte le plus solennel, consacré son union indissoluble avec l'homme que les destins ont choisi pour la sauver.

En-vain quelques insensés persistent encore à se séparer de nous et s'imaginent étouffer par leurs cris de sédition et de carnage la voix imposante de la nation. A l'approche du péril, tous les Français se réunissent : toutes les haines particulières se taisent : ces mots sacrés, honneur, indépendance, haine à l'étranger, sont dans tous les cœurs et passent de bouche en bouche, et nos dieux pénates ont volé tous ensemble aux frontières.

Vingt années de gloire et de triomphe ne seraient-elles donc rien pour des Français ?

Le souvenir de nos victoires en enfantera de nouvelles. Ces provinces si belles, si riches naguères, et dans lesquelles l'ennemi n'a marqué son passage que par des traces de sang ou de flammes, celles qui, vierges encore, sont animées du saint enthousiasme de la liberté, se sont levées tout entières, et leurs généreux habitans réunis à nos invincibles soldats, présentent à l'étranger une barrière d'airain qu'il ne pourra jamais franchir.

Les gerbes donnent à ceux qui les font croître

le courage de les défendre. Elles sont dans les champs, comme un prix au milieu d'un jeu, pour le vainqueur. Cette belle pensée d'un ancien (*Xenophon*) est celle de tous les Français et l'arrêt de mort des tyrans qui veulent nous asservir.

Pleins de confiance dans la justice de notre cause, dans les talens de notre Empereur et dans la vaillance de ses légions, attendons avec sécurité l'issue de la lutte qui s'engage. Si la victoire nous trahissait dabord, restons fermes au milieu des dangers, opposons au malheur les ressources immenses que nous donnent l'union, le courage et le dévouement à la patrie ; et rappelons-nous alors qu'après la perte de la bataille de Cannes le Sénat romain vota des remerciemens à Varron, pour n'avoir pas désespéré du salut de la République.

FIN.